Écrit par Brigitte Gandiol-Coppin
Illustré par Dominique Thibault

Conseil pédagogique :
Équipe du bureau de l'Association Générale
des Instituteurs et Institutrices des Écoles
et Classes Maternelles Publiques.

Conseil éditorial :
Jean-François Pousse,
historien.

ISBN : 2-07-039763-7
© Éditions Gallimard, 1988
Dépôt légal : Avril 1988. Numéro d'édition : 41378
Imprimé à la Editoriale Libraria en Italie.

GALLIMARD JEUNESSE

Pierre après pierre, la cathédrale

DECOUVERTE BENJAMIN

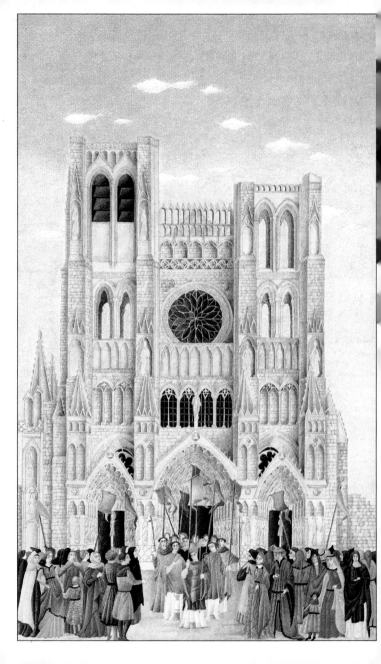

Un toit immense, des tours dressées
vers le ciel, des verrières aux mille
couleurs et des centaines de statues :
voici la cathédrale, l'un des plus
beaux monuments de la ville.
Qu'est-ce qu'une cathédrale ?
C'est l'église où siège un évêque.
Les cathédrales ont été bâties
au Moyen Âge pour rassembler
tous les habitants de la ville.
Leur construction a duré 40
ou 50 ans,
parfois
davantage.

**Aujourd'hui, la plupart des
cathédrales existent encore.
Elles n'ont pas beaucoup
changé depuis
le Moyen Âge.**

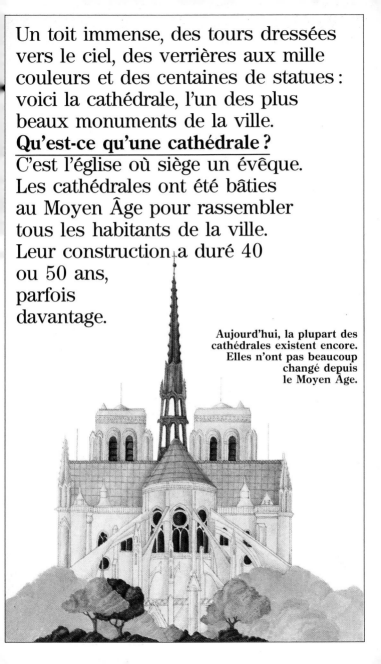

L'évêque est un personnage important.

Il est chargé de maintenir la religion chrétienne et il exerce son autorité sur les habitants.

Comme le seigneur, il possède sa police, son tribunal...

Aux XIIe et XIIIe siècles, les villes se développent. Entourées de remparts, elles deviennent plus puissantes que les châteaux forts.

Les paysans produisent des récoltes
abondantes qu'ils viennent vendre
à la ville. Certains s'y installent
et se font marchands ou artisans :
orfèvres, tisserands, bouchers...
Ils s'enrichissent et s'associent
par métier pour se défendre contre
l'autorité de l'évêque ou du seigneur.

**Dans les campagnes alentour les paysans
ont de meilleurs outils et plus de chevaux.**

Un jour, l'évêque et les habitants
de la ville décident de rebâtir leur
cathédrale qui est devenue trop petite
ou qui a été détruite par un incendie.
Mais construire une cathédrale coûte
cher !

Comment trouver l'argent nécessaire ?

Le Chapitre, c'est-à-dire l'assemblée
des prêtres et des chanoines qui
entourent l'évêque, est responsable
des finances. Il fait lever un impôt
spécial, par exemple sur le beurre
ou les volailles vendus
au marché.

Il organise des processions à travers le pays et des quêtes dans les villages. Les uns donnent de l'argent, les autres un cheval ou une charrette. Un riche seigneur offre du bois ou une carrière.

On demande aussi au roi et aux princes de participer. Parfois, l'évêque donne une partie de ses revenus et les bourgeois aisés font de riches cadeaux.

Très tôt les ouvriers se sont mis à extraire des pierres de la carrière. Chacun marque les pierres qu'il produit d'un signe particulier pour que le maître puisse les compter et vérifier son travail.

Sur la place, l'ancienne église est démolie, en partie seulement pour que les offices puissent continuer. Les pierres de démolition seront réutilisées dans la nouvelle cathédrale.

Le Chapitre choisit un architecte ou maître d'œuvre en organisant un concours. Ou bien il fait appel à un maître réputé qui vient avec son équipe de maçons. Les architectes ont souvent appris leur métier sur d'autres chantiers en étant d'abord tailleurs de pierre ou maçons. Leur origine est modeste mais ils sont connus et respectés par tous. Ils voyagent beaucoup à travers la France et l'Europe. A leur mort, ils sont parfois inhumés dans l'église qu'ils ont bâtie. Une fois les plans tracés, les terrassiers creusent les tranchées des fondations.

Le maître d'œuvre connaît la géométrie, les mathématiques, mais aussi le travail de la pierre et du bois.

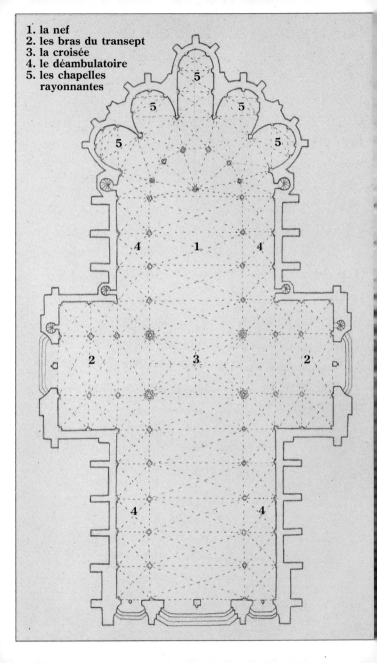

1. la nef
2. les bras du transept
3. la croisée
4. le déambulatoire
5. les chapelles
   rayonnantes

Sur les murs de sa loge, sur des tablettes de bois ou sur du parchemin, **le maître d'œuvre dessine toutes les parties de l'édifice :** les fenêtres, les voûtes, les piliers, les rosaces...

Les arcs-boutants empêchent les murs de s'écarter sous la poussée des voûtes.

Il s'inspire de ce qu'il a vu ailleurs mais il invente aussi. Voilà pourquoi les cathédrales se ressemblent toutes mais sont toutes différentes.
Les arcs-boutants permettent d'ouvrir de larges fenêtres et de construire des murs moins épais qu'auparavant.

Les grandes rosaces et les verrières ajourées caractérisent le style gothique des cathédrales au XIIIe siècle.

Pendant ce temps, des bûcherons
abattent de grands arbres qui
donneront de longues poutres pour
les charpentes.
**On utilise beaucoup de bois sur
le chantier** et les menuisiers ont fort

à faire : construire
des échelles,
des échafaudages,
des engins pour lever les pierres.
Celles-ci arrivent sur des chariots
ou par bateau lorsque la carrière
est éloignée.
L'abattage du bois se fait pendant
l'hiver. On utilise de préférence des
troncs de chênes qui sont plongés
d'abord dans l'eau pour être
plus résistants.

Les pierres extraites des carrières sont acheminées sur le chantier et façonnées par les **tailleurs de pierre** à l'aide de pics et de burins.
Les outils sont fabriqués sur place par le **forgeron** qui produit tous les éléments de fer nécessaires à la vie du chantier.

Le transport coûte très cher.
Il double et même triple parfois le prix des matériaux.

Forgeron **Menuisiers**

Le chantier déborde d'activité.

Les maçons posent une à une les pierres taillées que leur apportent les manœuvres dans des hottes, des civières ou des paniers. Ils mesurent les pierres afin de les ajuster exactement, étalent le mortier avec une truelle et vérifient à l'aide d'un fil à plomb que le mur est bien vertical.

Plus loin, les gâcheurs préparent le mortier qui scelle les pierres. Quelques femmes sont employées à ce travail.

Maçons **Tailleurs de pierre**

Charpentiers

Les ouvriers sont payés à la semaine ou à la journée. La plupart d'entre

eux viennent de la ville et des
environs, excepté les maçons qui
passent leur vie à voyager de chantier
en chantier. Les travaux
s'arrêtent à la fin
de l'automne. On
recouvre le haut
des murs de paille
ou de fumier
pour les protéger
du gel et le chantier
vit au ralenti en attendant
le printemps.

Le toit des églises est souvent
recouvert de plaques
de plomb.

Les verriers fabriquent du verre en
faisant fondre dans des fours du sable
de rivière bien lavé et des cendres
végétales. Lorsque la pâte de verre
est molle, ils ajoutent des colorants.

L'évêque, les bourgeois et les habitants des environs viennent souvent observer le déroulement des travaux. Ils sont très fiers de leur nouvelle cathédrale.
Tous ont participé à sa construction ; ils souhaitent qu'elle soit plus belle que celles des villes voisines !
Elle est pour eux bien plus qu'une simple église : elle illustre la puissance de l'évêque et de la religion, mais elle est aussi un symbole de la ville comme les halles ou l'hôtel de ville, appelé maison communale, qui apparaît au XIIIe siècle.

Mais réussir la construction d'un si grand édifice n'est pas facile.

Il y a parfois des échecs. L'architecte de la cathédrale de Beauvais a voulu élever les voûtes à 48 mètres de hauteur. Elles se sont écroulées et la cathédrale n'a jamais été achevée !

Pour hisser les pierres en haut des murs, on utilise des treuils et des poulies.

Tandis que la cathédrale s'élève peu
à peu, **les verriers fabriquent
les vitraux** avec des morceaux
de verre colorés et assemblés à l'aide
de baguettes de plomb. Un peintre
applique plusieurs couches
d'une peinture appelée "grisaille"
pour donner du relief aux visages,
aux vêtements. Puis il marque
d'un trait plus épais le contour
des personnages, le nez, les yeux,
pour que le motif soit bien net.
Ensuite les panneaux décorés
sont fixés aux fenêtres.
Les corporations de marchands
et d'artisans de la ville ont offert
une forte somme pour avoir chacune
leur vitrail. Aussi les différents métiers
figurent dans l'église à côté des
Saints, des apôtres et de la Vierge
Marie que les chrétiens du XIIIe siècle
vénèrent tout particulièrement.

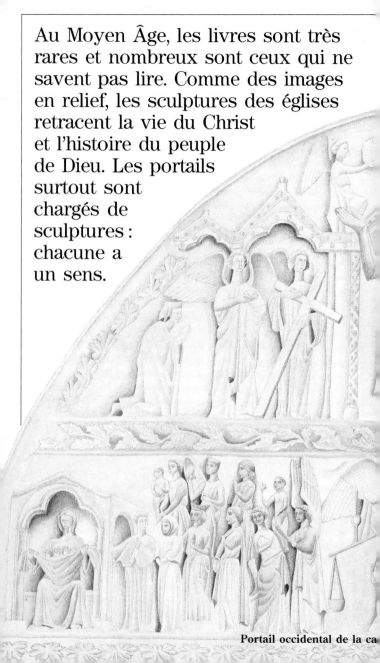

Au Moyen Âge, les livres sont très rares et nombreux sont ceux qui ne savent pas lire. Comme des images en relief, les sculptures des églises retracent la vie du Christ et l'histoire du peuple de Dieu. Les portails surtout sont chargés de sculptures : chacune a un sens.

Portail occidental de la ca

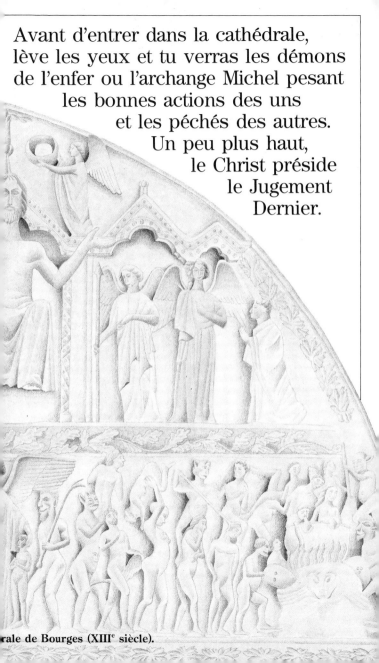

Avant d'entrer dans la cathédrale,
lève les yeux et tu verras les démons
de l'enfer ou l'archange Michel pesant
les bonnes actions des uns
et les péchés des autres.
Un peu plus haut,
le Christ préside
le Jugement
Dernier.

...rale de Bourges (XIIIe siècle).

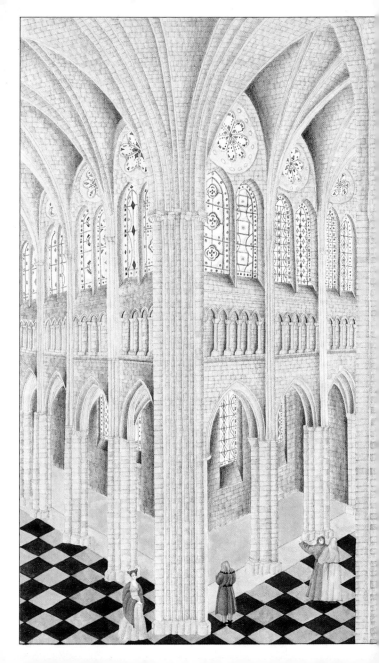

Es-tu déjà entré dans une cathédrale ?

Tout y est gigantesque. Elle dépasse 100 mètres de long et atteint parfois 40 mètres de haut, autant qu'un immeuble de 10 étages.

La cathédrale d'Amiens, l'une des plus grandes, peut contenir 10 000 personnes !

Utilisée dès le XIIe, la voûte d'ogives est formée de quatre quartiers soutenus par des arcs diagonaux, les ogives...

D'énormes piliers, formés de plusieurs colonnettes, portent des arcades et montent jusqu'au sommet pour recevoir les voûtes qui couvrent les différentes parties de la cathédrale. Les immenses fenêtres garnies de vitraux laissent pénétrer une lumière multicolore, un peu mystérieuse. Au Moyen Âge, les murs sont ornés de tentures et les sculptures sont peintes de couleurs vives rehaussées d'or.

Au Moyen Âge, la place de la cathédrale est un des centres animés de la ville : des comédiens ambulants y jouent une pièce de thêatre, des curieux s'attardent devant un colporteur qui déploie de riches étoffes. Les citadins s'y rencontrent pour discuter, écouter les discours des magistrats ou des prêcheurs.

Les jours de fête, de joyeux cortèges se forment devant la cathédrale et circulent à travers la ville en chantant et en dansant. Certaines fêtes du Moyen Âge sont restées célèbres comme la fête des Fous ou celle des Innocents pendant laquelle un jeune garçon jouait le rôle de l'évêque.

Près de la cathédrale, dans son
échoppe, l'orfèvre travaille les métaux
précieux. Il fabrique des bijoux pour
les princes, de la vaisselle d'argent
pour l'évêque ou des objets de culte
pour la cathédrale.
Aidé d'un compagnon et de quelques
apprentis, il soude l'or et l'argent
puis martèle le métal avec un maillet
enveloppé d'un chiffon. Il incruste
des motifs, enchâsse des pierres
précieuses... Chaque corporation
d'orfèvres possède son propre
poinçon. Sur celui des orfèvres
de Londres figure une tête de léopard.

L'école se trouve aussi aux abords de la cathédrale.

Sous la conduite d'un maître, des jeunes gens y apprennent le latin et la grammaire, lisent les textes sacrés et commentent les auteurs anciens.
Au XIIIe siècle apparaissent les premières universités. Celle de Paris, spécialisée en théologie, est célèbre dans toute la chrétienté.
Le soir, quand les cours sont terminés, les étudiants vont boire et s'amuser dans les tavernes.
Ils jouent de la musique, inventent des chansons et discutent entre eux.
Souvent, des bagarres éclatent.

Les élèves étudient sur des livres recopiés à la main. Les voici rassemblés autour du maître.

Quelques riches bourgeois
ont de belles maisons de pierre.
**Les autres habitants ont des maisons
de bois** qui prennent feu facilement.
Au rez-de-chaussée : une boutique ou
un atelier ouvert sur la rue,
des entrepôts et parfois une écurie.
A chaque étage, deux pièces où vit
une famille.
Les rues sont étroites et rarement
pavées. Lorsqu'il pleut, on patauge
dans la boue. Les enfants y jouent,
des poules, des cochons, des chiens
s'y promènent ! Les charrettes
ont bien du mal à se frayer
un passage entre les
marchands ambulants,
les mendiants et les
ménagères qui bavardent.
**La nuit, les rues ne sont
pas éclairées.** Il vaut
mieux rester chez soi car
malfaiteurs et vagabonds
se glissent dans l'ombre
malgré les soldats
du guet qui veillent
à tour de rôle.

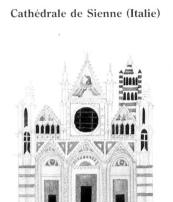

Cathédrale de Sienne (Italie)

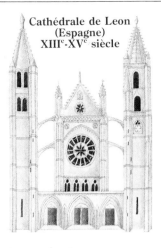

Cathédrale de Leon (Espagne)
XIIIe-XVe siècle

La cathédrale enfin terminée est consacrée par l'évêque ou le pape au cours d'une grande cérémonie. C'est un des monuments les plus importants de la cité. La cathédrale est ouverte à tous. On s'y retrouve pour prier mais aussi pour discuter et s'amuser.

Construite en brique aux XIIIe
et XIVe siècles, la cathédrale d'Albi
ressemble à une forteresse.

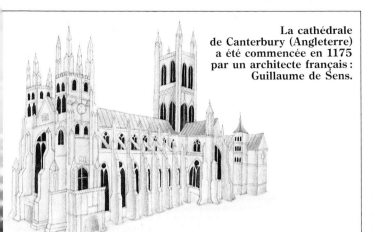

La cathédrale
de Canterbury (Angleterre)
a été commencée en 1175
par un architecte français :
Guillaume de Sens.

Les premières cathédrales sont nées
dans les grandes villes du royaume
de France ; puis le style gothique
s'est répandu en Europe, surtout
en Angleterre et en Allemagne,
mais chaque pays, chaque région
a créé son propre style.

La cathédrale de Münster (Allemagne) édifiée
entre 1174 et 1265 a gardé l'aspect massif des
églises romanes.

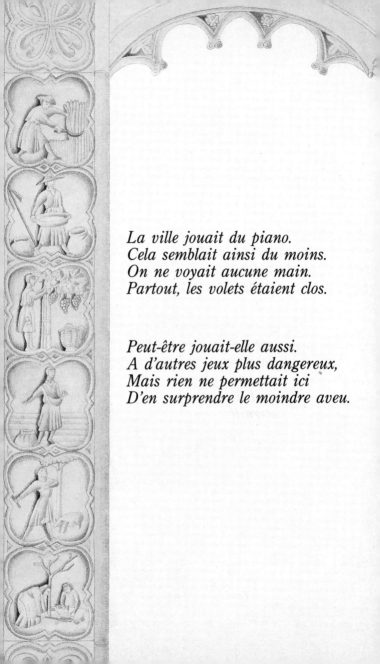

La ville jouait du piano.
Cela semblait ainsi du moins.
On ne voyait aucune main.
Partout, les volets étaient clos.

Peut-être jouait-elle aussi.
A d'autres jeux plus dangereux,
Mais rien ne permettait ici
D'en surprendre le moindre aveu.

Seul, parfois, dans les rues désertes,
Un chat familier des étoiles,
S'en allait à la découverte.
Et l'on se demandait pourquoi

Quand sonnaient par-dessus les toits
Les cloches de la cathédrale,
Le temps paraissait se figer
Comme s'il venait d'arrêter
L'horloge de l'éternité.

Maurice Carême
La ville jouait du piano
Fondation Maurice Carême